# Del Ocaso al Alba

Jean Claude De Medici

# DEDICATORIA

A todas las personas que aman las letras y gustan de la poesía. He tratado de plasmar todas las gamas del amor. En las páginas de este libro se puede ver el romanticismo, como así la exaltación del amor y la mujer que es lo más hermoso de la creación.

Algunas de las poesías son inspiradas por personas o hechos que he conocido o vivido. Me he puesto en diferentes situaciones e imaginé personajes para que cada uno de ellos pudiese enfocar la poesía de un modo diferente de acuerdo al carisma del personaje.

Puedes ver querido lector a personas románticas. Desde el que ve llegar a su amada en forma de ninfa, el que le canta canciones de cuna y más la ama al ver que duerme. El que escribe cartas que van al vacío, nunca las envía, el que ha perdido el juicio, el que vive en decepción, la mujer que soñaba esperando con ansias un amor ideal. El poder del amor de una mujer cuando ella con sus besos quita los clavos de la cruz de su hombre.

Son muchas situaciones o maneras en la que se puede expresar el amor. Espero te gusten las poesías, quizás te sientas identificado con el modo en que alguna de ellas expresa su sentir. Y por último Reflexiones puede decir de otra manera lo que sientes o pueda servir de referencia a lo que piensas.

Gracias por leer mis poesías, si usas una para el ser amado la finalidad de los versos estará cumplida.

# CONTENIDO

# AGRADECIMIENTOS

A todas la personas que han contribuido para que este libro pudiese llegar a publicarse. A los amigos que me alentaron y dieron su aporte emocional. A todos ellos mi agradecimiento.

# 1 LA FELICIDAD

Eres en mi vida la fragante rosa
que con su perfume impregnó mi vivir
y la inmensa dicha que mi alma hoy goza
amante y amiga te la debo a ti.

En cada mañana doy gracias a Dios
que al extender mi mano tú estás allí
no eres un sueño que se desvaneció
eres luz de dicha que llegó hasta mi.

Al salir a la calle miro a los cielos
y siento que mi alma renace a la vida
al ver renovarse mis ansias y anhelos
olvido el ayer y la fe antes perdida.

Juntos vivimos un eterno romance
en la luz de tus ojos veo el consuelo
con el cual se alivian todos los pesares
y ya no hay motivo para los desvelos.

Contigo se tejen los hermosos sueños
y al pasar el tiempo por siempre serás
quien me hace sentir de su amor el dueño
y eso amor mío, es la felicidad.

# 2 ALGO MARAVILLOSO

Es lo que mueve nuestro universo
arroja luz sobre las tinieblas
es revelación en cada verso
y la sazón que a este mundo puebla.

Condensa todos los sentimientos
posee los malos, también los buenos
es de la humanidad cimiento
y ocasiona pasiones sin freno.

A su paso derrama bondades
construye tronos y nombra reyes
sin estar exenta de maldades
ve y origina todas las leyes.

Inagotable es su abnegación
tiene toda forma de belleza
donde va despierta admiración
pues porta y exhibe su grandeza.

Es la razón de todas las guerras
y da sentido a los intereses
que han cubierto de sangre la tierra
y sembrado la paz otras veces.

Fue con Cristo camino al calvario
al pie de la cruz sufrió con él.
Su sacrificio vemos a diario
no lo alcanzamos a comprender.

En la música vive su esencia
a toda obra le ha dado vida
todo pintor captó su presencia
de no existir no habría poesía.

Sin duda es algo maravilloso.
A Dios tenemos que agradecer
que ha creado algo tan hermoso
y le puso por nombre, Mujer.

# 3 LA LUZ DE MI CIUDAD

En el aire parece que juega
al dar su esencia a la inmensidad
la luz que en cada noche despliega
claro manto sobre mi ciudad.

Siendo niño sentado a su vera
se llenaban mis ojos de anhelo
al verlo iluminar la ribera
y perderse en el confín del cielo.

Soñaba que su halo que tiembla
pudiese pasar toda frontera
yendo lejos rompiendo tinieblas
me llevara a donde él quisiera.

Con los años mis sueños crecieron
era joven buscaba horizontes
él aún alumbraba en el cerro
yo pensaba en mis viajes y aprontes.

Subí a verlo desafiando el viento
corría su luz en la playa
de oscuridad estaba sediento
y el aire abrazaba sus murallas.

Por el día su ojo dormía
esperando por el anochecer
Junto a él le di mi despedida
a la ciudad que me vio nacer.

Esa noche zarpaba mi barco
mi corazón quería aventuras
mi juventud no cabía en un marco
mis ansias volaban sin mesura.

El quedaba aferrado a la tierra
yo navegaba siguiendo al sol
él tenía la belleza que encierra
el mar y de mi gente el calor.

Al cruzar el barco la bahía
vi el cerro y faro de mi ciudad
que como última despedida
su luz, me acarició una vez más.

Pasaron los años, ya es historia
aún alumbra a mi hermoso país
mis sueños hoy solo son memorias.
El niño y la luz, viven en mi.

# 4 Y SU NOMBRE ES...

Hay muchos que la aborrecen
y la tildan de traidora.
Hay otros que la padecen
y también hay quien la adora.

A pesar de que es tan mala
por momento se la busca
y sin llamarla se instala
aveces, en forma brusca.

Te encuentra en la multitud
contigo estaba al nacer
te acompaño en juventud
al tú, no saber que hacer.

Si nos sentimos hastiados
siempre buscamos su ayuda
y si estamos abrumados
nos deja el alma desnuda.

Cuando el cariño se ausenta
más allá de la esperanza
tomar nuestra vida intenta
y su presencia agiganta.

Se nutre en dolor de olvido
eso ayuda a que nos tome
si el corazón está herido
ella más empeño pone.

Aveces vela los sueños
se despierta con nosotros
del tiempo nos hace dueños
sin necesidad de otros.

Entiende cualquier idioma
eterna, no tiene edad
tampoco cuerpo ni forma
su nombre, La Soledad.

# 5 SUTIL

Al cerrar los ojos llegan los recuerdos
impregnan con nostalgia a la realidad
se mezclan en brumas con la fantasía
y en medio de esos sueños sueles llegar.

Tus ojos tristes y de tierna mirada
son inmenso lago de profunda miel.
Y con rostro de niña enamorada
tu cuerpo cual ninfa veo aparecer.

Siento tu esencia que embarga mis sentidos
colmando de alegría mi corazón
diluyes con tu presencia a la tristeza
y el mundo gira para nosotros dos.

Contigo despierta mi alma a la vida
a los cuatro vientos lo quiero gritar
que un amor como este jamás ha existido
y vivo en la gloria pues tú me lo das.

.

# 6 EL PENSAMIENTO
*(Viola x wittrockiana, Pansy, No me olvides)*

En la corte del ensueño
donde son reinas las flores
existe un rey muy pequeño
que tiene hermosos colores.

Luce su cara pintada
con los matices más suaves
y mantiene enamorada
a la luna cuando sale.

Por él suspiran las rosas
y las gardenias lo miran
al volar las mariposas
lo consienten y lo miman.

Por una violeta hermosa
de amor suspirando va
y no le importan las rosas
pues harto de amor está.

Ella se siente una diosa
pues tiene su corazón
y sueña con ser su esposa
en un jardín de color.

Esto nos dice el romance
que viaja en lejanos vientos
que se llevan muy distantes
el amor del Pensamiento.

Amor que tiene el aroma
de jardines de hace siglos
que lo cantan las palomas
y lo repiten los lirios.

# 7 TE VEO AL PASAR

Sonriente y altiva te he visto pasar
vestida de seda y sombrilla de tul
tus ojos azules dan envidia al mar.

Sigues tu camino no miras atrás
andando coqueta te vas presurosa
no ves si a tu lado existe alguien  más.

Tu perfume llega en el aire hasta mi
semeja el aroma de hermosos jardines
que invita los sueños a eterno vivir.

Quizás te parezco vestido de harapos
que soy del paisaje solo algo más
con pobre ropa manchada de trabajo.

Así día a día te veo pasar
y nunca me miran tus ojos azules
azules, azules, bellos como el mar.

# 8 ELLA SOÑABA

Sé que llegarás una mañana
sentiré tu beso con la brisa
cuando el sol asome a mi ventana
y nazca en mi rostro una sonrisa.

Seguro que al extender mi mano
hallaré la tibieza de la tuya
y al sueño que un día fue lejano
no lo dejaré que se diluya.

No sé de que color son tus ojos
y siento que no tiene importancia
cuando los mire me darán antojos
de contigo recorrer distancias.

He podido gustar en mis sueños
el sabroso néctar de tu boca
y te he sentido señor y dueño
cuando mi piel al deseo invoca.

Tomada de tu brazo he caminado
sobre alfombra de hojas en el parque
y mi cabeza en tu hombro ha encontrado
mil razones para amor brindarte.

Contigo comenzará la historia
que llevará mi barca a hermoso puerto
viviendo en tus caricias la gloria
que añora mi corazón sediento.

Vivo tu pasión en cada noche
calma mi sed en la madrugada
vivo, amo, sueño en un derroche
que llega intenso a la alborada.

Recibo la luz del nuevo día
conservo el fulgor de tu mirada
sintiendo en las entrañas muy mía
la ilusión de estar enamorada.

Quisiera describirte y no puedo
procuro atraparte y siempre escapas
eres como un viento, lluvia, fuego
también dulce veneno que mata.

Causal de mi tormento y mi cielo
semejas una rosa encarnada
a la que cuido con mucho esmero
y el alma me hiere despiadada.

Me dejas vacía con tu ausencia
ven a mi, ya no busques quimeras
que de ti mismo tengo la esencia
que no podrás hallar dondequiera.

Soy llanto, también soy la risa
poseo la alegría y la inocencia
poder ser de tu alma la delicia
justifica en pleno mi existencia.

Soy servil esclava, soy tu reina
soy rayo de sol y luz de luna
soy tan sumisa como soberbia
soy altiva como no fue ninguna.

Por siempre amor te estaré esperando
tú eres el culpable de mis desvelos
sé que vendrás, pero no sé cuando
y me darás lo que tanto anhelo.

# 9 DE MI NIÑEZ

Vi aquel pájaro encerrado
quise saber el porqué
y él dijo acongojado
la historia que les diré.

*Ho, que sufrir Madre mía*
*aquí solo en la prisión*
*entre estas rejas frías*
*que oprimen mi corazón.*

*Todos aman mis colores*
*me quitan la libertad*
*ansían mis trinos de amores*
*y no me tienen piedad.*

*No es un canto de alegría*
*el que oyen en mi gorjear*
*es llanto del alma mía*
*pues ella quiere volar.*

Te veo sufrir y no es bueno
hoy te voy a liberar
y cuando vayas en vuelo
me regalas un trinar.

Tan pronto la jaula abrí
con alegría voló
desde lo alto sentí
su trino de bendición.

Ay, mi abuelo se enfadó
porque al pájaro solté
y en penitencia me envió
porque muy mal me porté.

Mas tuve para consuelo
que al mirar por la ventana
vi como cantaba al cielo
el pájaro en una rama.

# 10 ORACIÓN A LA BICOLOR

Imborrable te has tornado
en el alma y sentimiento
de los seres que forjaron
tus bien sólidos cimientos.

Tus bases hechas con sangre
derramada con bravura
hizo del coraje alarde
en las batallas más duras.

Desde que fuiste creada
te izaron en pabellón
allí fuiste coronada
insignia de mi nación.

Pues te basas en jirones
tomados del mismo cielo
que te brindó los colores
que el sol cuida con esmero.

¡Ay! Que firme y majestuosa
te enseñas sobre el azul
eres mucho mas hermosa
cuando el sol irradia luz.

Herencia de los ancestros
a ti sabremos jurar
mientras en pie haya uno nuestro
no dejarás de ondular.

Como hijo tuyo de adoro
pues fuiste, eres y serás
sobre el blanco azul y oro
grandeza de nuestro ideal.

Tu honor guardaré con celo
simbolizas la libertad
y el orgullo de mi pueblo
heroico pueblo Oriental.

# 11 REALIDAD

Creía tener el mundo en sus manos
y sentía que nada lo vencía
no existía en la tierra poder humano
para frenar la ambición que tenía.

Sus sueños no conocían fronteras
y todo lo bello quería tomar.
A sus ansias nada le quedaba afuera
cuanto deseaba lo podía lograr.

Su vida era rápida y pasaba
en una sucesión de hermosos días
en los que era feliz, nada cambiaba
y todo a su capricho respondía.

No aceptaba opinión ni pensamientos
que contrariaran algo que quería
no le importaba si hería sentimientos
sabía que la fortuna poseía.

Creyó tener un sendero de luz
ignorando la densa oscuridad
pensó que era eterna su juventud
vivía exento de la realidad.

Hablaba siempre con tono altanero
que había aprendido en su sociedad
donde la soberbia era lo primero
no había cabida para la humildad.

Pero existe algo llamado destino
que de un modo u otro siempre nos llega
y se nos muestra perverso o divino
aveces nos premia y otras delega.

22

Sus metas conocieron las barreras
cayó en las garras de la enfermedad
lo cambió a sombras de aquello que era
y se fue sumiendo en la soledad.

De tanta soberbia nada quedó
hoy se conforma con poca atención
de nada sirvió el modo en que vivió
en cada día aprende una lección.

Hoy inspira pena el ver como camina
apenas se mueve apoyado en un bastón
sabe que su ciclo de vida termina
quizás ahora, se le ablande el corazón

# 12 ¿QUE ES EL AMOR?

Es haber *Oído* tu voz
al decir todo sin palabras
son caricias entre los dos
y esperar que tus ojos abras.

Es suave *Tacto* de tus labios
mi solo motivo y razón.
Te tomo en mis brazos a diario
siento de tu seno el calor.

Si me preguntas que es el amor.

Es la *Vista* de tu figura
cuando te veo llegando a mi.
Es beso, pasión y dulzura
es el misterio que habita en ti.

Es mi *Olfato* gozando aromas
en tu pelo de rico olor.
Es esa sonrisa que asoma
en tu rostro al nacer el sol.

Si me preguntas que es el amor.

Es el *Gusto* de los sentidos
gozar de tu piel el sabor
y me dejas saber que vivo
muy dentro de tu corazón.

Es lo que siento cada día
cuando doy gracias a Dios
porque te puso en mi vida
como luz de intenso fulgor.

*¿Sabes ahora, que es el amor?*

# 13 SOBRE EL UMBRAL

Contigo en brazos crucé
sobre el umbral de la puerta
y al momento me enteré
que al cielo ella estaba abierta.

Sentí en mi rostro tu aliento
se abrió el paso a la ternura
y en un mágico momento
me sumergí en tu dulzura.

Los sueños se hicieron reales
vivieron su fantasía
por ser ansias celestiales
frutos de tu alma y la mía.

Viví el calor de tu cuerpo
al ser tan suave tu piel
en tus labios entreabiertos
tu boca me dio su miel.

Los tersos besos contaban
de este gran amor la historia
y en caricias encontraban
todo el sabor de la gloria.

Temblabas estremecida
a la pasión entregada
y como un himno a la vida
era el verte enamorada.

Con vehemencia hasta el final
y en éxtasis de miradas
me diste el placer sensual
de ver tu rostro en la almohada.

Nos olvidamos del mundo
el tiempo perdió sentido
y el amor fue tan profundo
que nunca supo de olvido.

# 14 NOCTURNO

Mi piano enmudeció esta noche
su silencio se hizo eco en mi alma
las notas que faltan ponen broche
a lo incierto que causa esa calma.

Los grises tan crueles han llegado
segaron los brotes de esperanza
en las partituras han quedado
sin clave los compases de danza.

Su mundo carece de sentido
un silencio sutil deja el vacío
sus sentires quedan contraídos
entre bemoles y sostenidos.

Necesita manos que acaricien
con hábil dulzura su teclado
creando escalas que otra vez inicien
melodías de un sueño enamorado.

Mis manos solo tienen tristeza
en mi corazón faltan caricias
las notas no fluyen con nobleza
y no doy sonido a sus primicias.

Siento que mi amor se fue al vacío
su voz y su risa eran mi musa
solo dejó este dolor tan mío
que obstinado a partir se rehusa.

La música que compuse para ella
como las cuartetas de poesía
parece que no fueron tan bellas
para que siguiera siendo mía.

Pero en mi alma existen todavía
las fuerzas de luchar por  amor
y encontrar alguien que apreciaría
el bello don que me dio el Señor.

# 15 NUNCA

Me dicen que no he compuesto
a mi Madre una poesía.
¿Que palabras hallaría?
De este modo les contesto.

Existen cosas hermosas
y son de fácil encuadre
el describir una Madre
es tarea majestuosa.

Todos sabemos que es buena
noble, leal y generosa.
¿Basta decir que es virtuosa
o que se calla sus penas?

No es suficiente ver que llora
por el dolor de sus hijos
ni tampoco que es prodigio
que siempre nos enamora.

¡Ho Dios! ¿Que palabra existe
y la llegase a imitar?
Si nada puede igualar
al amor con que se viste.

Ella prodiga los mimos
ocultando sus pesares
es la luz de los hogares
y de su entraña nacimos.

Después de mucho tratar
de describir con mil frases
esos mágicos compases
sé que no puedo lograr.

¿Que de su entrega hace alarde
solo eso hace falta decir?
Me es imposible escribir
una poesía a mi Madre.

# 16 LA MEZCLA

La fórmula era secreta
como el rótulo en el frasco
era una mezcla perfecta
fue hecha a prueba de fiasco.

Y después de buscar tanto
al fin la habías hallado
ya no habría desencanto
era un deseo realizado.

Justo echa a tu medida
de amor y romanticismo
lo que te daba la vida
era el bello idilio mismo.

Los sueños que habías tenido
de encontrar tu alma gemela
ya por fin se habían cumplido
como sucede en novelas.

Amor, amistad, confianza
el apoyo y comprensión
era una perfecta alianza
para que vivieras la pasión.

Hoy víctima de ti misma
vives en la encrucijada
por perder ese carisma
que tenías al ser amada.

Te han brindado hermosas frases
pero amor no has conseguido
sigues destapando envases
y encuentras que están vacíos.

Hoy buscas esperanzada
esa mezcla que has perdido
y en esos frascos no hay nada.
Pues yo...soy el contenido.

# 17 NO PUEDO VOLAR

Caminando juntos a la par
no ponía atención a que estabas allí
era tácito el hecho de tu compañía.

Enfrentar las cosas adversas
estando uno junto al otro era normal.
La pobreza y riqueza en momentos de vida
fueron plenamente compartidos.

Pasaron las enfermedades, los años,
y siempre estabas a mi lado, en todo.
Muy dentro de mi era lógico,
que así debía ser, no podía ser diferente,
caminé y tu conmigo.

Pasé adversidades y tú conmigo
sufrí la pobreza, disfruté la riqueza
tuve muchos tropiezos
y tú conmigo, siempre a mi lado.
Creí ser el motor de todo, la fuerza.
Un día quise volar, no me fue posible.

En un instante la vida me enseño
que no podía volar por mi propia cuenta.
No sabía que tú eras las alas que tenía
que por ello podía elevarme tan alto
que eras el sustancioso alimento a mi fuerza.

El recio escudo contra la adversidad
que a la pobreza minimizabas tú
y eras quien le restaba importancia a la riqueza
quien combatía y curaba enfermedades
elegía senderos seguros para andar.

Eras la persona que trataba con gentes
manejando situaciones por todos estos años.
Ausente de la realidad y juzgando con soberbia
creía ser el fin y en cambio solo era el medio.
Y por esa simple razón no puedo volar...sin ti.

# 18 SI, HOY

Dije tu nombre a los cuatro vientos
para que el mundo lo escuchara
también dije lo que por ti siento
para que en el aire así viajara.

El amor anidado en mi pecho
tiene una sensación de gloria
que dice uno a uno cada hecho
que tiene lugar en nuestra historia.

Un amor como este no existía
pues abarca todos los sentidos
se nutre en tristezas y alegrías
crea ilusión y no tiene olvido.

Nacido de la esencia de tu alma
que se juntó en besos con la mía
encontró en las caricias la calma
y en nuestra piel la pasión bravía.

Cada mañana estando dormida
mirar tu rostro me hace pensar
que en un sueño has llegado a mi vida
y contigo, él se hizo real.

# 19 MIS NIÑOS

Creo niños cariñosos
a quienes llamo mis poemas
y los llevo por el mundo
siempre los uso de emblema.

Estandartes de mis sueños
que no piensan en riquezas
hablan de amores y anhelos
de alegrías y de tristezas.

No pretendo que sean bellos
los presento como son
entiende sus pensamientos
e irán a tu corazón.

Llegarán con voz profunda
muchas cosas te dirán.
No temas ni te confundas
solo entrega han de buscar.

# 20 Y EL SUEÑO FUE REAL

Se paseaba hermosa a pleno día
mostrando su insolente juventud
a mis tristes ojos los hería
con el fuerte destello de su luz.

Los grises habitaban mi ser
mi alma ya había perdido su color
y padecía de profunda sed
por el agua fresca que da el amor.

Derramaban al paso sin prisa
mil caricias sus ojos al mirar
jugaba en su boca una sonrisa
exhibiendo su porte al caminar.

Los años posados en mis hombros
tenían su peso acumulado
miré su belleza con asombro
y soñé que estuviese a mi lado.

Hermoso el pecho joven y erguido
de su seno brotaba un aroma
cual poción que embarga los sentidos
y atrevida uno a uno los toma.

El tiempo en mis cabellos marcaba
hondos ríos de plata al pasar
escondidos mis sueños estaban
con sus tímidas ansias de volar.

La vida nos puso frente a frente
miré más allá de su belleza
en mis ojos vio el amor presente
y se enamoró de mi tristeza.

Las alas de mis sueños se abrieron
al ser mi existencia bendecida
frases que de su boca surgieron
dicen que será, por siempre mía.

# 21 EL SENTIDO MAYOR

*La Vista* me preguntaba
si brilla el fulgor del sol
¿son bellos el mar y el cielo,
el jardín tiene color?
Preguntaban preguntaban
no sabía contestar.

*El Olfato* preguntaba
Si eran el olor a rosas
la piel de un niño y los campos
aromas tan primorosas.
Preguntaban, preguntaban
no sabía contestar.

*El Oído* preguntaba
¿que es música celestial?
Si podían, canto, lluvia,
risa y el llanto escuchar.
Preguntaban, preguntaban
no sabía contestar.

*El Tacto* me preguntaba
como eran besos y caricia
sentir el agua en la piel
y dar el rostro a la brisa.
Preguntaban, preguntaban
no sabía contestar.

*El Gusto* me preguntaba
¿verdad que es dulce la miel,
es agrio el limón? ¿y el mar?
¿es tan amarga la hiel?
Preguntaban, preguntaban
no sabía contestar.

*Entonces te conocí y todo tuvo respuesta.*

## 22 SI ACASO

Si acaso un día quisieras
ir conmigo a las estrellas
bastaría que dijeras
si mi amor, llévame a ellas.

Juntaría todos mis sueños
a los tuyos uniría
y podría hacer con ellos
los cimientos de la vida.

En tu piel dejará el sol
el oro que hay en la brisa
y dirá el mar con rumor
como envidia tu sonrisa.

Será complice la luna
al adornar tu mirada
y dar brillo cual ninguna
a tu faz de enamorada.

Pasaré toda barrera
nada habrá que me detenga
pide aquello que más quieras
y habrá un modo en que lo obtenga.

# 23 TAN SIMPLE

La relación terminó
y no te dejé de amar
hoy un lazo se rompió
y sé me sueles culpar.

En mi alma hay sentimientos
y no los puedo olvidar
en ti hay resentimientos
que no puedes ocultar.

Sé que es difícil entender
lo que parece sencillo
la manera de querer
no se rige por anillos.

Mejor vivir separados
y así nunca lastimarnos
a que sigamos casados
y que lleguemos a odiarnos.

Quizás la vida en sus vueltas
hará que veas con razón
que cada riña es resuelta
con bondad de corazón.

# 24 SUCEDIÓ

Soñaba con ese día especial
que sería el mejor de mi vida
en principio parecía irreal
pero era cierto lo que vivía.

Fue temprano aquella mañana
algo maravilloso sucedió
llegó hasta mi esa fantasía lejana
la mas bella que en sueños nació.

El tiempo se detuvo en el mundo
todo fue silencio alrededor
algo brotó de lo más profundo
me envolvió con mágico esplendor.

No irreal, fantasía o mágico
fue tomando forma rostro y nombre
dando paso a un mundo más lógico
me dio el privilegio de ser su hombre.

Se entregó al amor y caricias
la realidad llegó a mi en sus besos
la tibieza de su cuerpo era delicia
de pasión sin límites fui preso.

En mis brazos tenía esa mujer
como soñé que estuviese a mi lado
me dio su boca, sentí su poder
y nos besamos muy enamorados.

Al fin el mundo tuvo sentido
y giró para nosotros dos
su corazón con dulces latidos
le dio vida a un amor sin adiós.

# 25 SI VERSOS VIENEN

A páginas de papel
me enfrento en las noches largas
al correr mi pluma en él
llega la musa y me embarga.

Me poseen fuertes deseos
de escribir una tras otra
cuartetas que en sueños veo
cual unas borrosas notas.

Llegan hasta mi sin alma
en busca de sentimientos
y les procuro la calma
al brindar algo que siento.

Las letras son siempre frías
si no muestran un sentir
las cuartetas son vacías
sin pasión que transmitir.

Les doy algo, lo que tengo
sea ansiedad o tristeza
que al momento esté viviendo
y a los versos de riqueza.

No importa la hora que sea
en que lugar o la forma
solo que mi alma desea
que cumpla con esa norma.

Si versos a mi han venido
buscando ser escuchados
les podré dar un sentido
que espero sea de agrado.

Si se van como han venido
que no se vayan muy pobres
que lleven lo compartido
con mi corazón que es noble.

# 26 UN MOMENTO DE MAMÁ

Luce pálida la luna
que se cuela por la estera
y el niño su sueño espera
mientras la Madre lo acuna.

Ella le canta canciones
evocando sueños de oro
y besando su tesoro
se olvida de los dolores.

Se queda por fin dormido
el niño entre queja y llanto
la Madre le tiende un manto
y busca el sueño perdido.

Suavemente lo acaricia
mira a su niño precioso
luego se cierran sus ojos
y en su boca una sonrisa.

Mañana será otra vez
de hacer una nueva entrega
del amor que ella encierra
con muy tierna calidez.

# 27 SUBLIME

Como el buen aire arribaste a mi vida
cuando el sol de la tarde moría
y la luz en tus ojos encendida
borró las sombras que mi alma tenía.

Percibí la tibieza de tu mano
y en mi rostro tu beso fue caricia
que trajo recuerdos lejanos
que me hacen anhelar nuevas delicias.

La ternura que habita en tu mirar
me envió el llamado de tu soledad
supe que cuanto pudiese soñar
contigo podría ser realidad.

Era el instante que había esperado
por tantos años y ahora sabía
que algo dormido se había despertado
cobrando vida en tu boca y la mía.

Nuestros cuerpos se tornaron en uno
en ansia y deseo se confundieron
de nuestros sueños no faltó ninguno
a la cita en que todos se cumplieron.

Mi mundo se detuvo allí en tus brazos
el tiempo dejó de tener sentido
los minutos y las horas fueron trazos
en un cuadro de amores concebido.

Al ver el fuego eterno en tu mirada
sé que vivo por la inmensa locura
al ver que de mí estás enamorada
y beber de tus labios la dulzura.

# 28 LA CASA DE LAS CAÑITAS

Mi casa tenía un encanto
que habitaba en su pobreza
en ella todo era un canto
allí no había tristeza.

Eran de tierra los pisos
y de adobe las paredes
pintadas en blanco liso
y muy pobres los enseres.

Los techos paja quinchada
la puerta en gruesa madera
y ventanas empotradas
con marco adentro y afuera.

Un camino por el medio
iba de casa al portón
como dividiendo el predio
entre Manzano y Cedrón.

En el cerco de la entrada
habían cañas de Castilla
que a metro y medio cortadas
hacían la valla sencilla.

El portón era de varas
cortadas de un árbol seco
con alambre bien atadas
y pasador en un hueco.

A los lados como cerca
había Jazmín y Malvones
y donde quedaba abierta
estaban los Mirasoles.

Por el borde del camino
Pensamientos y violetas
se agrupaban en un fino
diseño como maqueta.

Mi abuela se apasionaba
con lo hermoso del jardín
y largas horas pasaba
dando tiempo a ese trajín.

A mi Madre la veía
siempre arreglando las cosas
limpiando iba y venía
poniendo la casa hermosa.

Tijera en mano cortaba
papel de diario doblado
y al abrir este formaba
un mantel todo calado.

Siempre cantaba canciones
cuya letra no recuerdo
pero dejaba emociones
que aún en mi alma conservo.

Aveces imaginando
la pobre casa y las flores
creo estar escuchando
a Mamá cantando amores.

Le doy gracias a la vida
por tanto que me ha enseñado.
De lecciones aprendidas
los frutos he cosechado.

Aprendí que en la pobreza
se esconden cosas muy ricas
y existen en la riqueza
las que nada significan.

Pues siendo un niño habitaba
con felicidad infinita
en la que todos llamaban
La Casa de las Cañitas.

# 29 SIN NOMBRE

Hojas secas, viento calmo
y rechinar de Cipreses
son el religioso salmo
de la tarde que perece.

Avanza lento el cortejo
por las callejas del pueblo
y se divisa a lo lejos
el muro del cementerio.

Despacio es tirado el carro
por un caballo ya viejo
que va marcando en el barro
un camino sin regreso.

Trota el perro cabizbajo
acompaña a su buen dueño
pues ese fue su trabajo
desde que era pequeño.

El cochero concentrado
vaya a saber en que cosa
permanece así alejado
de la tarea dolorosa.

Mientras el carro se mueve
por lo malo del camino
llega el cortejo que es breve
al final de su destino.

Un perro que queda solo
un cochero que regresa
y allí se termina todo
como un canto a la tristeza.

Dejó el mundo solitario
sin tener siquiera amigos
alguien que rece un rosario
o llore que lo ha perdido.

# 30 ¿QUE SERÁ?

Te mantienes atareada y yo estoy siempre ocupado

por eso es que no sabemos, lo que realmente nos pasa.

Quizás si con la mirada pudiésemos decir los problemas

nuestros ojos nos dirían lo que realmente nos pasa.

Si extendiéramos la mano en una caricia al otro

de esa manera sabríamos, lo que realmente nos pasa.

Pero sobran los silencios, escasean las palabras

ya no nos vemos a los ojos y al no existir las caricias

no hay manera de saber, lo que realmente nos pasa.

# 31 QUE RAZÓN TIENE TU OLVIDO

Sé que el tiempo ha transcurrido
y nada es como antes
cuando era tu amor y el mío
la cosa más importante.

Como es que cada mañana
al comienzo de tu día
no sientes que estás lejana
de lo que tanto querías.

Soñabas que a ti llegara
ese hombre que a tu vida
de ternuras la colmara
y sentir que eras querida.

Hasta un día sin pensar
en lo triste de mis ojos
pudiste amor divisar
y así se cumplió tu antojo.

Pero hoy día te empeñas
en mi gran amor olvidar
encontrar uno igual sueñas
y jamás lo podrás hallar.

# 32 LA COMETA

Una tarde con mi tío
hicimos una cometa
papel fino, cañas, hilo
y vaya, lucía coqueta.

Retazos de trapos viejos
a su cola la adornaban
en la punta había un espejo
y así con el sol brillara.

Tenía la forma de estrella
con colores muy vivaces
la hacían parecer muy bella
sus largos flecos de encaje.

Al remontarse en el viento
se veía majestuosa
y me sentía muy contento
al ver que era tan hermosa.

Por unos momentos al mirar
quería estar a su par
y poder arriba alcanzar
a ver lejos hasta el mar.

Dede lo alto podría ver
todo el mundo alrededor
la tierra a mis pies tener
con magnifico esplendor.

Esta tarde con mi hijo
volamos una cometa
fue de verdad un regocijo
ver que hacía volteretas.

Vi en sus ojos alegría
al mirar allá en el cielo
pensé que sentiría
quizás mis viejos anhelos.

# 33 DE TI...

He sabido que al leer mi poesía
una lágrima en tu rostro rodó
¿Es que acaso una palabra tan mía,
con amor, a tu corazón llegó?

¿Será que has revivido los momentos
de niña en mis brazos, estremecida
con tus besos bebiendo de mi aliento
y esa sed no has calmado todavía?

¿Es que nadie pudo hallar en tus ojos
esa luz que ellos tienen encendida?
El misterio que hay en tus labios rojos
es magia que no ha sido comprendida.

No miran en lo profundo de tu alma
no perciben el mensaje de tu piel
no te ven bravío mar en calma
les falta pasión para bogar en él.

Hoy día no buscan el amor
en su lujuria te quieren sumir
nadie mira tu belleza interior
y eres algo hermoso para vivir.

Pero verás que esta pasión enorme
con tan dulces momentos ya vividos
hará que siempre a tu sentir retornen
ansias de vivir el amor, conmigo.

# 34 EL POETA Y SU BARCO DE PAPEL

Con quien decía que me amaba y creía conocer
zarpé con ella un día en mi barco de papel
recorrí distintos mares con oleaje cruel
pero no importaba, yo tenía su querer.

No tenía experiencia para poder navegar
pensé con esperanzas, se podría bogar
me encontré con arrecifes que no supe ver
luché con fuerzas y así al fin, los pude vencer.

Fueron muchas esperanzas que dejé en el mar
quizás no encontré las aguas justas para andar
perdí mis ilusiones al cambiar con ella el trato
fui extremo gentil buscando momentos gratos.

Soñaba navegar con mi barco de papel
pero el viento de la vida no lo dejó correr
a mi amor como al barco lo mismo le pasó
con su casco muy herido la brújula perdió.

Mi barco se extravió en la densa oscuridad
sin tener siquiera una simple oportunidad
traté de olvidar con quien el barco compartí
que ella no era la adecuada, al fin lo comprendí.

Será que no he sabido los amores afrontar
los barcos de papel no están hechos para el mar
fácilmente el mío sucumbió en la tempestad
no importó si al timón me aferré con terquedad.

Y la marea me dejó sentado en la arena
intentaba el mar lavar con sus olas mi pena
mirando al horizonte, más allá en la lejanía
recordé momentos, que con ella y el barco tenía.

Fue entonces que la vi por la playa caminando
caracolas en rastra a su talle iba llevando
me ofreció una sonrisa y el sol dijo en su piel
que con ella haría un nuevo barco de papel.

# 35 ¿AMIGO?

Tú eres el amigo
a quien nunca dejó
siempre vas conmigo
siempre arrojo lejos.

Tú me das placeres
aún siendo ingrato
yo te doy quehaceres
y muy mal te trato.

Tú el alma me entregas
grisácea y sin brillo
con ella me estragas.

De rojo amarillo
tu sabor me embriaga
dulce cigarrillo.

# 36 EL NUEVO ORDEN

Vivimos con la tecnología
de una manera tal y hasta el punto
que al no necesitar compañía
olvidamos estar en conjunto.

La conversación ya no es frecuente
son mejores mensajes de texto
es mejor que escuchar a la gente
y no nos hace falta un pretexto.

Desde niños estamos aprendiendo
los controles y los video-juegos
lo que en el mundo está sucediendo
en la T. V. o internet lo vemos.

Tus amigos no tienen rostro
muestran el que quieren en la web
pueden ser buenos, malos o monstruos
solo ves que enseñan en la red.

Es raro si no tienes Facebook
sin un Twitter eres anticuado
estar en Instagram da buen look
sin WhatsApp no estás comunicado.

¡Ho Dios mío! Cuanta dependencia
que somos sin la computadora
comunicarse ya es una ciencia
y puedes enviar voice-mail ahora.

Puedes hallar novia/o relación
o alguien con quien salir
con foto tienes interacción
pero no sabes que va avenir.

No cifres todo en tecnología
el ser humano es fabuloso
tiene romanticismo y poesía
y es de la creación lo más hermoso.

# 37 EL AMOR ERA UN ESPEJO

Cuando te he conocido
me di cuenta que existía
pues me sentía perdido
motivación no tenía.

Como eterna primavera
lavaste de mi alma los grises
se vistió por vez primera
con los más bellos matices.

Pensar en ti era algo hermoso
daba a la vida un frescor
y en el brillo de tus ojos
encontraba siempre amor.

Eras razón y sentido
los sueños tuyos y míos
cual guijarros yendo unidos
eran piedras en un río.

Fino polvo del camino
de una senda generosa
cual dos pétalos caídos
de la misma bella rosa.

Se mezcla el viento y la brisa
cual la pasión y el amor.
En la dicha hay llanto y risa
y es esencia de los dos.

Fui manantial de agua clara
eras lluvia cristalina
separados fuimos nada
juntos hacíamos la vida.

Eramos tan semejantes
uno del otro el reflejo
si somos los mismos de antes
¿que pasó con el espejo?

# 38 UN DÍA DIJO MI NIÑA

Sé que a Mamá has prometido
bajar el sol y una estrella
parece que no has cumplido
con regalar eso a ella.

Te veo todos los días
entrar con paso cansado
pero las manos vacías
aunque mucho has trabajado.

Deseo ayudar y no puedo
quiero hacer más que pensar
como subir hasta el cielo
y esos dos astros bajar.

Papá quizás tú pudieras
poder llegar a las nubes
con una larga escalera
encima de ellas te subes.

Sé bien que nunca prometes
lo que no puedas cumplir
así que quiero me dejes
contigo al cielo subir.

Mamá estará muy contenta
al ver la estrella y el sol
apenas abra la puerta
recibirá el resplandor.

*Cuanto te amo hija mía*
*un día lo vas a entender*
*hoy la inocencia es tu guía*
*y pura esencia en tu ser.*

*La promesa fue cumplida*
*pues tu hermanito es el sol*
*y desde el cielo venida*
*tú, eres la estrella mi amor.*

# 39 GIFT OF GOD

Imposible de definir
escapa a toda acepción
no se la puede describir
está más allá del amor.

Posee la belleza innata
la nobleza, su blasón
ella con grandeza trata
siempre otorga su perdón.

Nunca toma un desafío
no cree en duelos por honor
en ella no hay desatinos
juzga con el corazón.

Los demás pone primero
su vida es abnegación
su acción sigue el derrotero
de la bondad y el tesón.

Lleva penas cual ninguna
no inflige a nadie dolor
su interior es de ternura
y cuida a todos con pasión.

La forma en que ama a los suyos
con amor y reverencia
si hay de su angustia murmullos
en su interior los silencia.

Es dicha cuando está cerca
y gloria sentir su amor
su alma semeja agua fresca
que ella entrega de corazón.

Su buen nombre significa
ser deliciosa y feliz.
Ella todo magnifica,
un don, que tiene Beatrice.

# 40 AMOR DEL AIRE

Será una mañana, una tarde, una noche
cuando regreses a los brazos de este hombre
adornando así nuestro amor con un broche
sellado en besos murmurando mi nombre.

De esa manera tendrá final la ausencia
de la huella tibia que deja tu cuerpo
e impregna mi lecho con su bella esencia
haciendo que pierda la noción del tiempo.

Le otorgas vida a los sueños con tu magia
corres las tinieblas que nublan mi alma
oigo tu risa que nueva dicha presagia
y vuelve mi universo a vivir en calma.

Sabes que eres la razón de mi vida
mi gran anhelo es ser lo mismo en la tuya
no existe en el mundo mujer más querida
ni dos almas que así, el amor construyan.

Solo tú, has podido con cosas sencillas
conformar un mundo lleno de grandeza
eres tierra fértil y mi amor cual semilla
con tu alma florece en romance y tibieza.

# 41 CASA VIEJA

Sobre una loma verdosa
como enmarcada por plantas
allí, sola se levanta
una casa misteriosa.

Hay tejados carcomidos
que al suelo quieren unirse
y amenazan con hundirse
con sus aleros partidos.

Paredes rotas, baldosas
de verde hiedra una manta
cubre el marco en que se aguantan
viejas ventanas mohosas.

Los tragaluces y puertas
ya huérfanos de cristales
por allí entran y salen
rayos del sol que despierta.

Quedan de muebles los restos
que hoy lucen destruidos
y con estantes vencidos
dan un aspecto siniestro.

Se escuchas ecos de risas
que sonaron en un tiempo.
¿o será solo un lamento
que va dejando la brisa?

Y cuando llega la sombra
con su cúmulo de grises
viste de raros matices
a cuanto árbol la ronda.

Silba el viento silba y vuela
hay un búho vigilante
y una araña es oscilante
de extraño reloj de tela.

# 42 AÚN ESPERO

Aún espero que hagas realidad lo que siento
por eso pregunto, ¿donde te encuentro amor?
buscarte en primavera hizo el Verano un viento
que de Otoño me lleva a un Invierno sin sol.

Si te ocultas de mi haces el juego muy cruel
alguien dijo al pasar que solo eres un sueño
nunca supe de ti, tu rostro quiero ver
aunque no te conozco, de mi alma eres dueño.

Espero en tu puerta a que me dejes entrar
vi tu luz en los ojos de alguien que pasó
la pregunta ya es vieja, dime amor donde estás
besar tantas bocas mi sonrisa borró.

No tiene ningún sentido el vivir sin ti
el frío de mi soledad clama por tu calor
si es cierto que existes ven muéstrate ante mi
te quiero vivir, aunque sea una vez, amor.

# 43 D.B.C.

La gesta del destino interrumpió su andar
ya no existe, es parte del todo y la nada
es aire, luz, brisa, viento, lluvia en el mar
vive en el rubor del sol en la alborada.

Una tarde de Mayo me entregó su ser
en su pecho erguido orgullosa ostentaba
el bello seno, que todas desean tener.
Su pelo era suave satén en la almohada.

Su rostro era hermoso y sus labios de rosa
escondían misterios que a besos descubrí
sus ojos verdes, esmeraldas preciosas
daban luz a la pasión que con ella viví.

No supe valorar lo que me ofrecía
estaba ciego  por mi tonta vanidad
joven, bello, el mundo me pertenecía
no entendí que su amor, era pura verdad.

Nunca dijo te amo, en forma de oración
pero esperaba por mi, noche tras noche
solía en mi pecho oír mi corazón
y su boca en besos hacía un derroche.

Ahora la recuerdo y veo que me llevó
mucho, mucho tiempo saber su forma de amar
al irse de este mundo un mensaje envió
me llegó en un sueño, sonriendo sin hablar.

La vi en la ventana detrás del cristal
vino a mi y mil recuerdos despertó
sentados en silencio, mágico ritual
le dije, te amo y desapareció.

Quizás eso quería oír de mi boca
y comprendí, su ardiente corazón
hoy sumida en pena, mi alma te invoca
D.B.C. Te imploro, dame el perdón.

# 44 DE DONDE

De donde a mi llegan los versos
pues la verdad, que no lo sé
¿serán sentimientos dispersos
que de otras almas heredé?

Me lo pregunté muchas veces
nunca encontré la razón
¿será sangre de los franceses
e italiana en mi corazón?

¿Tienen alma de buena escuela
perdidas de obras literarias?
¿O es por mi bisabuela
nacida en Islas Canarias?

Cualquiera fuese el motivo
agradezco la bella herencia
que me permite ser creativo
o trato de ser a conciencia.

Aveces la idea me ronda
sin conseguir tomar su forma
y por más esfuerzo que ponga
ninguna rima me conforma.

Otras veces llega la musa
con mágica fertilidad
y deja su esencia profusa
dando a mi mente claridad.

Así bendigo el origen
donde estas cuartetas han nacido
que a dura métrica se rigen
pero sin perder su atractivo.

Que los versos sigan viniendo
mis sueños no mueren jamás
porque es muy hermoso ir viviendo
y compartir lo que Dios da.

# 45 FACETAS

Existen mares inmensos
que separan continentes
como hay turbios sentimientos
que aprisionan a la gente.

Hay tempestad en los mares
e injusticias en la tierra.
Existen fuerzas brutales
que en la belleza se encierran.

Hay egoísmo escondido
en lo que vemos sincero
la verdad es lo prohibido
y existe horror a lo feo.

Que mundo más cruel el nuestro
la bondad parece error
el malvado es maestro
y el deseo semeja amor.

Existen mares inmensos
que unen los continentes
como hay nobles sentimientos
que estrechan más al gente.

Viven en calma los mares
hay justicias en la tierra
y ternuras maternales
que a la fealdad la destierran.

Hay un candor escondido
en lo que vemos sincero
la mentira es lo prohibido
y existe amor a lo feo.

Que mundo hermoso es el nuestro
donde maldad es error
el bondadoso es maestro
y la vida canta amor.

Cuidado que hay dos verdades
en estos versos escritos
mira bien de que no caes
en el error de algo dicho.

De quienes creen que en la tierra
no queda ya nada bueno
y buscan en las estrellas
lo que está cerca de ellos.

Tiende tu mano a la vida
abre al mundo tu corazón
retoma la fe perdida
al obrar con bien y tesón

Que no te quepa la duda
de que este mundo es bello
que existen verdades crudas
pero de amor, tiene un sello.

# 46 CONTIGO

Llegó a mi vida el bálsamo de tu amor
con su dulzura alivió en mi alma el dolor
ese que había por tropiezos del camino
hasta ese día en que cambias mi destino.

He sufrido los más crueles desengaños
buscando amor día a día, año tras año
mi corazón canta gloria pues te hallé
en ti vive la ternura que busqué.

La tersura de tu piel es mi delicia
en tus manos nacen tibias las caricias.
Has borrado toda sombra con tu luz
con besos quitas los clavos de mi cruz.

Vivo, sueño y amo en el bello delirio
de tu amor que cambió en gloria mi martirio
y en cada noche en que a tu pasión me entrego
que no pasen las horas, es lo que ruego.

# 47 COMO TODOS LOS NIÑOS

Llegué de París en la madrugada
de lo alto vi la luz de la ciudad
al bajar oí el viento que silbaba
despúes solamente la oscuridad.

Creo que padecí un silencio largo
tan largo como el tiempo que dormí
me doy cuenta que estuve en un letargo
hasta que un día desperté y viví.

Me descubrí jugando sobre un lecho
me sucedió una tarde cualquiera
no recuerdo muy bien todos los hechos
pero si unos juguetes de madera.

Fui tomando conciencia de quien era
y no sabía que había nacido hombre
cuando alguien me llamó por vez primera
me di cuenta que ese era mi nombre.

No sé como conocía a cada uno
fue por instinto saber quienes eran
confiaba en ellos no temía a ninguno
y no había nadie que no me quisiera.

Sentía como que alguien me miraba
aún estando en completa soledad
parecía que ese alguien me cuidaba
para salvarme de cualquier maldad.

Con el paso del tiempo comprendí
que se debe dejar que la vida obre
pues al nacer debía de vivir
la experiencia de ser un niño pobre.

Existir es una causa bendita
llegó el momento en el cual entendí
que mas allá del cerco de Cañitas
un nuevo mundo esperaba por mi.

# 48 ILUSIÓN

Paseaba por el Rosedal
en una tarde de Enero
vi a una calesa pasar
con silencioso cochero.

El caballo en su trotar
movía un bello cascabel
que al aire daba un sonar
que invadía el vergel.

Entre los verdosos pinos
se moría el sol de Enero
iba urdiendo rayos finos
formando un adiós de fuego.

En un momento fugaz
alcancé ver la visión
miré con ansia voraz
y brincó mi corazón.

Pues surgió de entre las flores
una niña de ilusión
pasó cantando de amores
se esfumó tras un Malvón.

Corrí y aparté las ramas
buscando aquella visión
hallé un sol envuelto en llamas
pero no a la aparición.

Vuelvo allí en cada año
llegando Enero al final
aveces hasta me engaño
y creo, que la veo pasar.

Voy por el mismo camino
de tarde al morir el sol
busco entre flores y pinos
y no encuentro la ilusión.

# 49 ARRANCO ESTA PÁGINA

Siento una inmensa amargura
hoy te lo quiero decir
esta vida es cruel y dura
me hace difícil vivir.

Ya no soy el mismo de antes
cuando lleno de pasión
siempre iba hacia adelante
con fuerza en el corazón.

Quedó la melancolía
y a mi alma la hizo presa.
Se fueron aquellos días
del vino y la buena mesa.

Con el paso de los años
perdí lo que costó hacer
me toca sufrir el daño
la pérdida padecer.

En tus notas he guardado
emoción de juventud
cuando estaba entusiasmado
y en sombras veía luz.

Cruenta la fortuna ha sido
con mi alma y con mi vida
perdona Diario querido
esta página perdida.

# 50 FRENTE AL ESPEJO

Como un ritual contigo misma
a la mañana en el corredor
buscas la cosa mínima
para acentuar más tu esplendor.

¿Podría él ver tu ternura
acaso saber tu valor?
El solo refleja tu imagen
sin conocer tu interior.

¿Sabrá acaso de tus antojos
logrará él ver tu dolor
o quizás leer en tus ojos?
Imposible, claro que no.

¿Te ve Madre, hija o hermana
esposa, amante, ser creador?
por mucho que le preguntes
nada dice, no tiene voz.

Te miro en completo silencio
siendo solo un espectador
paga mi alma un pequeño precio
para ver tu hermosa función.

¿Podría él escuchar tus historias
saber si careces de amor
acaso ver, tener memoria
sentir por ti alguna emoción?

Si en cada minuto del día
necesitas un gran amor
solo mira en el alma mía
y en mis ojos el resplandor.

¡Seguro ese espejo podría
decir cuanto, te amaría yo!

# 51 DUDAS

Corta el aire una sirena
con sonido limpio y claro
sale el sol y con la arena
pinta sus matices raros.

El mar sereno da su alma
hecha de espuma y salitre
y en cada ola con calma
a la playa de agua viste.

Envía olas cual mensaje
porque la playa lo espera
envía espuma en cada viaje
porque tiene quien la quiera.

Quizás no supe ser el mar
o playa tal vez no fuiste
pero sé que te supe amar
y hoy dudo si me quisiste.

# 52 ¡AY DE MI!

De tal modo te deseo
que pensar en ti es la gloria
y el día que no te veo
te recreo en mi memoria.

Al caminar tus caderas
sacuden al mundo entero
y rezo por que me quieras
pues por ti, siento que muero.

Castaña miel en tus ojos
rojo carmesí en tu boca
estoy ante ti de hinojos
y siento unas ansias locas.

Sueño tus besos mi vida
tu talle quiero tomar
para que seas mi querida
y siempre te pueda amar.

Tu cuerpo enciende mil fuegos
me estremece el oír tu voz
si el viento juega en tu pelo
me causa pasión atroz.

Déjame tomar tu mano
tus ojos quiero mirar
ver que no hay poder humano
que tu amor me pueda robar.

Sería tocar el cielo
si te tomo entre mis brazos
y en tu piel sentir consuelo
a dolores y fracasos.

Contigo vivo soñando
y no quiero despertar.
¡Ay de mi! Te estoy amando
con un amor sin igual.

## 53 JUNTO AL MAR

No sé que susurro misterioso
llega con la brisa marinera
como embrujo del barco rumboso
que se queja lento en la escollera.

Hay un llanto en sus velas raídas
quizás por mástiles destrozados
que traen ilusiones perdidas
de quien sabe que mar azulado.

O será por su ancla enmohecida
que padece entre las piedras duras
roen su cadena entumecida
se clavan en ella como púas.

Y se yergue, solo, majestuoso
como una imagen muerta y perdida
con su casco herido y misterioso
quieto, sobre las olas dormidas.

# 54 QUIZÁS

Quizás no te has dado cuenta
de la forma en que te miro
por encima de la taza
mientras tomo el té contigo.

Veo en tu rostro cada gesto
hasta algún mohín gracioso
cuando repasas un texto
o miras una revista.

Procuro que no percibas
que ver tu rostro es delicia
y no quiero que se note
que en mi, nacen sonrisas.

Cosas casuales y simples
son la esencia de la vida
que se unen poco a poco
y son del amor la guía.

Es que los hechos triviales
asoman sin ser propuestos
vale mucho lo espontáneo
por simple razón de peso.

Las letras son gran testigo
cuando se escribe de amor
con ellas es que se expresa
lo intenso de una pasión.

Se olvidarán las caricias
se podrán borrar los besos
pero los bellos momentos
tienen eterno contexto.

Quedarán manos vacías
sufriendo ausencia de piel
pero sé, no has olvidado
en que forma me amaste ayer.

# 55 PASO QUE...

Me dio un regalo mi Padre
que pasé tiempo sin saber
él hacía las cosas tarde
era difícil de entender.

Dieciocho estaba cumpliendo
cuando vino de repente
pero no estaba trayendo
ni por asomo un presente.

Estaba solo de paso
lo cual era su costumbre
estando de tiempo escaso
su regreso, incertidumbre.

Después de saber las nuevas
sobre temas generales
con consejos daba prueba
de no estar en sus cabales.

Pretendía en un segundo
dar apariencia de Padre
hablando cosas del mundo
y bromas sobre mi Madre.

Creo que fue la cuarta vez
que volvió y que se fue.
La última en que lo encontré
como diez años después.

Fueron más de cuarenta años
para encontrar su regalo
al saber los desengaños
sufridos por mis hermanos.

De esa manera comprendí
que al dejarme, su abandono
fue un regalo para mi.
Por él ruego y lo perdono.

# 56 LA NIÑA TRISTE

Cae intensa la lluvia a raudales
repican las gotas cristalinas
y sus ojos las ven saltarinas
detrás de los grandes ventanales.

Los árboles de brazos desnudos
con un manto de agua se visten
de tal modo que parecen tristes
solitarios, inertes y mudos.

Tiene un pesar oculto en sus ojos
de carita de niña apenada
parece que no le falta nada
sin embargo hay algo doloroso.

Hay acaso algún mal escondido
en esa alma de tan pocos años
que se asoma a sus ojos castaños
y enseña su rostro compungido.

Su tristeza se suma al paisaje
y se ve su figura borrosa
que parece una muñeca hermosa
con su bello vestido de encaje.

Cada vez que la veo al pasar
su rostro me causa desazón.
Y ruego porque a su corazón
la alegría lo llegue a colmar.

# 57 SI LOS AMORES HAN MUERTO

Quizás se pierden en nada
se hacen ceniza en olvido
se borran del pensamiento
o dejan odio encendido.

Solo quedan las memorias
un sentir que da  contento
¿o llegó al fin una historia
pues terminó el sufrimiento?

¿Del tuyo y mío que habrá sido
ellos murieron de verdad?
No sabemos la respuesta
solo el tiempo lo dirá.

# 58 SUEÑO DE UN NIÑO

Mueven mueven los molinos
sus aspas que están cansinas
miran miran el camino
y sueñan con blanca harina.

Los molinos se durmieron
salen todas a jugar
cientos de ardillas vinieron
para correr y saltar.

Trepan por troncos y piedras
juegan entre hojas secas
se ocultan en la hiedra
y al comer hacen mil muecas.

Los pajaritos contentos
vuelan sobre los molinos
y se revuelcan polvorientos
en la huella del camino.

Pobres pobres los molinos
tristes y solos están
será ese su destino
ya no cantan su tam-tam.

Y la maleza traidora
amenaza con tomar
mientras estén como ahora
se podrá en ellos trepar.

¡Ahí llegó el viento ardillas!
Y los molinos despiertan
a la maleza la trillan
con sus aspas muy abiertas.

Mueven mueven los molinos
sus aspas que están cansinas
miran miran el camino
y sueñan con blanca harina.

# 59 NOCHE DE PUERTO

Hoy la noche está serena
la bella tarde murió
se oye al aire la sirena
de un navío que zarpó.

Como por arte de encanto
en la calle no hay un alma
la noche tendió su manto
trayendo la oscura calma.

Por las callejas del puerto
se oye el rumor de las olas
que con los brazos abiertos
abrazan la playa sola.

Hay música de acordeón
de una canción marinera
que proviene del salón
que se encuentra en la rivera.

Se oye un grito de mujer
el tintinear de cristales
y dos hombres que al correr
son cual sombras fantasmales.

Al pasar miré curioso
había una mujer tendida
que en un charco espeso y rojo
vertía sangre por la herida.

Otra mujer de rodillas
le murmuró algo entre dientes
y acarició las mejillas
de quien encontró la muerte.

Quizás llorará una niña
o gemirá un acordeón
del puerto ha sido otra riña
que dejó muerte y dolor.

# 60 BAJO LA LLUVIA

Como melancólicas notas
de una original sinfonía
se refugian en mi las gotas
delicadas, suaves y frías.

Corren las nubes su carrera
el rayo ilumina los cielos
se esconden las aves ligeras
buscando un lugar de sosiego.

Una hiedra al compás del viento
da caricias al ventanal
la brisa se vuelve un lamento
cuando pasa sobre el portal.

Grita el trueno su desafío
retumba y se vuelve a callar
solo se yergue en el vacío
un farol con tenue alumbrar.

Camino cual mudo testigo
de ese paisaje sin igual
el viento se lleva consigo
cúmulos de hojas al pasar.

Desde lejos llega el sonido
de una sirena al ulular
y acompaña con sus silbidos
a un barco que vuelve a zarpar.

El agua me acaricia el rostro
y torna mi visión borrosa
da vida a un halo misterioso
que cambia de forma las cosas.

Vuelvo caminando despacio
el paseo fue hermoso, lo confieso
disfruté mucho el tiempo y espacio
al sentir que soy parte de eso.

# 61 CARTAS AL VACÍO

No sería nada extraño
el no recibir respuesta
porque en todos estos años
noté que nunca contestas.

Mucho tiempo ha transcurrido
desde los días de pasión
en los que habíamos vivido
perfecto sueño de amor.

Cuando dijiste, me encantas
sentí el mundo girar
y mis ansias fueron tantas
que es difícil de explicar.

Al aire creí volar
vivi lo maravilloso
sentí ganas de gritar
que eras lo más hermoso.

Fue a tu lado que aprendí
que los milagros existen
caricias que recibí
en mi piel aún persisten.

Pero un día te alejaste
contigo se fue la vida
los besos que te llevaste
eran lo que más quería.

Es por mi más que sabido
nunca me contestarás
pues no las has recibido
y sé que jamás lo harás.

Esta carta fue compuesta
y también se va al vacío
decir de mi amor no me cuesta
pero nunca las envío.

# 62 EL DÍA O LA NOCHE

Sea de día o de noche, nada prefiero
no tiene importancia el momento en que muero
Sé que habrá en los cielos pájaros por cientos
serán descendientes de los que he soltado
cuando era un niño y eran felices al ser liberados.

Volarán al aire notas de canciones
esas que compuse con flautas y trombones.
Alguien dirá versos suave entre murmullos
no sabré si míos o serán los suyos.

Lamento ocasionar dolor al morir
aquellos que me aman van a sufrir.
Esta vez nadie me puede acompañar
en este paso por la puerta natural.

No sé que me espera o tienen para mi
verán que he tomado y también cuanto di.
No tiene regreso el camino en que voy
no habrá mañana sé que hubo ayer y hoy.

No importa mi legado de orden material
solo mi poesía si la pueden recordar.
Mis cenizas al viento se arrojarán
y como en un sueño al fin podré volar.

Quizás llegue así al confín del universo
donde no llegarán jamás mis versos.
Seré parte de todo y también de la nada
sol de las mañanas y las noches heladas .

No dejo ningún *te quiero* por decir.
A quien haya ofendido perdón quiero pedir.
Gracias por la vida a quienes me la dieron
gracias al amor de los que me quisieron.

# 63 ¿COMO, COMO HACES?

Si asoman las lágrimas sin querer
al oír la voz de la persona amada
no sabes si hay amor o podrá haber
pues percibes su alma, de ti alejada.

Tu corazón se oprime y quiebra en llanto
deseas que eso fuese diferente
amar en silencio lleva al quebranto
pues ahogas dentro aquello que sientes.

Ves tu mundo girar alrededor
y en ese mundo no está lo que amas
y aún debes continuar siendo deudor
de aquello que tus sentimientos claman.

Eres consciente que llevas la carga
que no tiene ninguna explicación
y haber bebido la poción amarga
de derrota e hiriente decepción.

Tienes el anhelo que en este día
sea el que al fin conceda la esperanza
de cambiar el dolor por alegría
y venga con él alivio y bonanza.

Quisieras volver el tiempo atrás
y tomar lo que la vida te robó
pero bien sabes que nunca verás
que el mundo te de, lo que se llevó.

Impide que te llene la amargura
saca fuerzas de donde no las tienes
borra de tu mente las penas más duras
consigue así que tu alma al fin se sosiegue.

Imposible pelear contra el destino
si al amor no lo ves ni por asomo
en tu dolor no encuentras el camino
y ruegas que alguien, te diga, como.

# 64 EL LOCO

Siento ganas de vivir
por el aire llega luz
la deseo ver y sentir
que soy parte en su quietud.

Quiero jugar con los mares
y poder subir en las olas
quiero urdir en los telares
de la luna grande y sola.

Poder formar una escala
y subir a las estrellas
olvidar las cosas malar
y vivir lejos de ellas.

En el manto de los vientos
ser timonel y bogar
en el espacio y el tiempo
principio y fin olvidar.

Del mundo tomar el mando
elegir lo que yo quiera
y a todos ir regalando
ansias, sueños y quimeras.

Ser dueño de la alegría
desterrar a la tristeza
dar a todos lo que ansían
y cumplir cada promesa.

Soñar con la eternidad
en asuntos del amor
no volver atrás jamás
y así no exista el dolor.

Quiero vivir todo eso
quizás calme mi ansiedad
poder sentir que convierto
los sueños en realidad.

# 65 RENACER

Hallaré en tus ojos el amor dormido
habrá en tu sonrisa un halo de luz
tus sueños mostrarán el dulce camino
que solamente sabe alguien como tú.

Habrá en nuestra vida un nuevo despertar
y los sentidos se echarán a volar
oirás campanas al mundo llamar
a gloria, pues nos vamos a encontrar.

Silbará canciones el viento en las dunas
hará remolinos en loco girar.
Llegarán las olas con su blanca espuma
y con voz ronca nos saludará el mar.

Es un himno ardiente que clama en la sangre
dice que de mi hoy te has vuelto a enamorar
si la dicha en grande no importa que tarde
porque no fue en vano tener que esperar.

Es nuestro romance eterno y celestial
no importa que distancia haya que cubrir
pasará barreras de tiempo y lugar
franqueando toda manera de sufrir.

Con cadenas hechas en beso y caricias
la dicha enorme será un largo soñar
se darán cita en tu cuerpo mil delicias
no querrás nunca volver a despertar.

Pues ha sido puesto y escrito en el cielo
que amor como este jamás tendrá un igual
que se brinda franco, con fuerza, con celo
y al ser tan hermoso no tiene un final.

# 66 ¿INTROVERTIDO?

Me gusta en las noches caminar
cuando todo se viste de luna
ver que un ave nocturna al volar
se pierde muy alto en la bruma.

Disfruto del parque solitario
a quien los estáticos faroles
iluminan con su luz a diario
dando tenues, pálidos colores.

Adoro en los bancos la blancura
que a la luna hacen eco de su brillo
me agrada sentir esa frescura
al tiempo que oigo cantarlos grillos.

Me pueden llamar introvertido
o quizás no les parezca normal
prefiero andar solo mi camino
mirando de frente a la ciudad.

Me gusta deambular por las calles
sin tener un rumbo definido
caminar y ver sin que desmaye
y hallar un rincón desconocido.

Venero mi tiempo caminando
pues estoy consciente de mis actos
y en mi propia mente voy creando
nuevos versos traídos de lo abstracto.

Al fin logro mis ojos cerrar
olvido las cosas materiales
y percibo un alivio al pensar
que aquellas son solo triviales.

# 67 ¿AGUA?

El agua de lluvia en la ventana
se desliza y llega hasta la tierra
se siente atrapada y se derrama
luchando ante el polvo que la encierra.

Se enturbia su cuerpo cristalino
presiente que va a desfallecer
encausa entre piedras su camino
torpe y agitada en su correr.

Pero el lodo fluye en sus entrañas
y la aprisiona cada vez más
su cuerpo toma una forma extraña
que muy lento marca su final.

Convertida en masa espesa y sucia
pasa a ser un objeto cautivo
quedan otras gotas con angustia
esperando del sol su castigo.

# 68 UN HOMBRE EN DECEPCIÓN

De tanto andar caminos aprendí
las cosas de la vida son así
hoy dicen que te aman con pasión
mañana destrozan tu corazón.

No creo en las frases de bondad
cansado estoy de tanta falsedad
oí que hay amistad a todo dar
nadie me lo ha sabido demostrar.

Dicen por ahí que existe el amor
pero nunca tocó a mi corazón
y cuando tuve fe me traicionaron
sufriendo gran angustia me dejaron.

Deseché más de una oportunidad
algunas por cobarde y no pelear
otras veces no atiné a valorar
lo que el azar me supo regalar.

Viendo todo eso ya que más da
me ha tocado vivir en soledad
quien piense igual seguro no hallaré
sabrá Dios con mi vida lo que haré.

El tiempo endureció mi corazón
no sé a mi mismo dar el perdón.
No puedo hallar olvido a mis errores
y mi vida es un gran libro de horrores.

He dado desengaños y dolor
lo hice muchas veces por temor
tratando de evadirla realidad
he sido portador de la crueldad.

No sé si tendré alivio en la oración
a ante un altar dando mi confesión
reconociendo aquello que hice mal
quizás la paz a mi alma pueda dar.

# 69 ¿QUE SUCEDE AMOR?

Que pasa a tus ojos claros
que me parecen llorosos
y a tu rostro veo asomado
gestos un tanto penoso.

¿Es que acaso has extrañado
la ternura de mis besos?
Pues si eso te lo ha causado
amor, estoy de regreso.

Vengan la risa y la burla
que vayan lejos las penas
y las tristezas absurdas
dejen a tu alma serena.

Quiero ver brillar tus ojos
quiero ver tu franca boca
y no ese gesto de enojo
que pesares me provoca.

Ven que te llevo a paseo
ven que te hago sonreír
vamos que tengo deseos
de contigo al cielo subir.

Ve y ponte un vestido hermoso
aquel de bello color
y el mundo estará celoso
apenas vea tu candor.

En ti nace una sonrisa
cuando la tarde se ausenta
ven pronto vamos de prisa
que tengo el alma contenta.

Pido perdón por las horas
que has pasado sin mi
pues mi corazón añora
solo hacer, que seas feliz.

# 70 ELLA DICE

No me lleves en tus manos
para adornar un jarrón
que pierdo mi aire lozano
y muere mi corazón.

Yo soy del sol y la lluvia
de las mañanas de frío
guardo en mi seno escondidas
las lágrimas del rocío.

Necesito mariposas
a quien brindar mis esencias
y que lleven presurosas
por el aire mis cadencias.

Dios me creo libre y buena
me dio la gama del color
soy sin glorias y sin penas
su creación llamada flor.

# 71 EL MÚSICO ERRANTE

Sobre sus hombros cae la usada y rota zamarra
a cuestas con un gesto de estar ya acostumbrado
lleva consigo una vieja y sonora guitarra
que se balancea al compás de su paso cansado.

Se comenta que es un artista solo y errante
que en tiempos lejanos fue un virtuoso en su arte
y que hoy día dirige sus pasos vacilantes
a un sórdido café donde exhibe su baluarte.

Que secreta traición o pena anida en su pecho
para que sea tan triste su figura dantesca
quien puede decir que afrenta o daño le han hecho
quizás una burla al honor que es cruel y grotesca.

El ver su marcha genera muchos sentimientos
y sin que me de cuenta, me invade la tristeza
que me produce una sensación de desaliento
al mirar que se aleja, meciendo su cabeza.

# 72 NOSTALGIA

Por tu amor que he perdido
y de eso ya hace tiempo
un gran calvario he vivido
con esta pena que siento.

Me es imposible olvidar
amo de tu piel la tibieza.
No sé como poder encontrar
el alivio a mi tristeza.

La hermosa luz de tus ojos
aún está viva en mi mente.
Recuerdo de tus antojos
y aquellos besos ardientes.

Hasta creo escuchar tu risa
que siempre sonaba a gloria
y le contaba a la brisa
como es de este amor la historia.

Sé el modo en que tú caminas
a tus pasos los puedo oír
cuando empieza y termina
ese recuerdo a ir y venir.

¿Quedará aún en tu memoria
algún rastro de nuestro amor?
¿O acaso él es una historia
que ya no vive en tu corazón?

Hoy la vida es de rutina
y los días lentos se van
me dejan cuando terminan
solo un vacío que llenar.

A la puerta de mi alcoba
nunca la voy a cerrar
pues si la cierro me roba
la ilusión de verte entrar.

# 73 UN AMIGO Y SU MUNDO

Quizás ingenuo e iluso
o viva solo de sueños
pero en mi no hay abuso
y de mis actos soy dueño.

Prefiero noches de luna
no algún exótico bar
pues tengo la gran fortuna
que ese mundo no te da.

¿Que perdiendo tiempo estoy
escribiendo sobre el amor
que un soñador soy
que morirá de ilusión?

Pasarán años y un día
al fin me darás razón
déjame con mi poesía
que con ella feliz estoy.

Tienes los ojos cerrados
a tientas vas por la vida
por un camino empinado
que cuesta más cada día.

Ya no comparto ese mundo
un día lo conocí
tiene mucho de iracundo
no quiero vivir así.

# 74 UN ROSTRO

Desde joven te he mirado
y no te entendí jamás
pues en tu rostro he encontrado
algo de triste y bondad.

Hay tantas contradicciones
impresas en tu semblante
que despiertas emociones
de tan solo contemplarte.

Hay en tu rostro ternuras
que asemejan a una Madre
tu mirada entre tierna y dura
me parece inexplicable.

A tus ojos asoma
un aire de enamorada
inocencia de paloma
con que luces modelada.

Trazos de mujer malvada
son los que hay en tu boca
y una pureza de hada
que de ti sale y provoca.

No eres fácil de comprender
en verdad es una pena
habría que poder conocer
y saber lo que tú anhelas.

En el tiempo viajaría
hasta el día en que naciste
quizás así comprendería
el misterio que en ti existe.

Quizás el que te ha pintado
pudo ver lo que te ronda
y con magia te ha plasmado
enigmática Gioconda.

# 75 ASÍ DE FÁCIL

Entiendo, te tengo que olvidar
es muy fácil, lo puedo lograr.

Cuando la luz se torne oscuridad
cuando el viento no pueda soplar
cuando el hielo no tenga frialdad
cuando un ave no quiera volar.

Cuando no oigas la palabra amor
cuando no haya violencia ni guerra
cuando la flor pierda su color
cuando no quede un árbol en la tierra.

Cuando el agua no exista en el mar
cuando no haya montañas ni sierras
cuando el sol no pueda iluminar
cuando el río deje de fluir.

Cuando no haya un alba que mirar
cuando un niño no sepa reír
cuando la ola no surque el mar
cuando no haya una luna que salir.

Cuando las estrellas paren su andar.
Así de fácil, te voy a olvidar.

# 76 AZUL AMARGO

Sumido en melancolía
una noche de verano
después de tener un día
en el que todo fue en vano.

Comencé a contar estrellas
en el azul infinito
al pasar una centella
vino a mi memoria el mito.

Que con hacer un deseo
sucedería un milagro
y que a mi vida la veo
sin que le falte ese algo.

La centella fue un instante
en la oscuridad interna
se extinguió el halo brillante
mi soledad es eterna.

# 77 AL DESPERTAR

Oí tu risa y tu voz
que aún suenan en mi memoria
tu cuerpo me dio el calor
no sabía que era un sueño.

Te vi parada ante mi
con la belleza de siempre
solo atiné a decir
lo que por ti mi alma siente.

Es eterna tu presencia
tristeza y alegría
produce dolor tu ausencia
dicha tu compañía.

Hay aromas en tu pelo
tiene perfume tu piel
es mezcla de infierno y cielo
vivir por tu amor, mujer.

Prisionero de la suerte
espero un rayo de luz
quizás me gane la muerte
sin llegar donde estás tú.

En cada día que espero
mi sueño llegue a su fin
aveces siento que muero
y por ti, vuelvo a vivir.

# 78 DE CARA AL CIELO

En el cielo iluminado
viaja un carruaje de nubes
lleva un caballo azulado
que en el aire baja y sube.

El algodón que es carruaje
se estremece con la brisa
pero prosigue su viaje
que va sin la menor prisa.

Toma rumbo a las estrellas
el carruaje sin cochero
busca en el azul las huellas
de algún corazón sincero.

De ese modo se fue el alma
herida en sus sentimientos
de aquel que buscó la calma
y en amor, halló el tormento.

# 79 SÉ QUE...

Sería inútil el decir cuanto te extraño
si eso muy bien ya lo sabes vida mía
que los días me parecen largos años
y las noches crueles, oscuras y frías.

Hay un vacío que siento aquí en mi pecho
es la ansiedad de estar contigo nuevamente
recostada y sonriente aquí en mi lecho
y poder mirar tus ojos largamente.

Esta noche me hacen falta tus caricias
y los besos que en tu boca te llevaste
esos labios que me brindan mil delicias
y me embriagan con su mágico brebaje.

Cuando mis manos acarician la almohada
y no encuentro de tu rostro la presencia
con ansias voraz espero tu llegada.
Eres la sola razón de mi existencia.

Sé que es tonto el decir lo mucho que te quiero
es en vano gritar desesperado
que te amo con el alma, que te espero
y no existe amor, igual al que te he dado.

# 80 LUZ DE LUNA

A la luz de la luna
recuerdo te besé
con mis brazos en cuna
esa vez te adoré.

De palmas el arrullo
llegaba en cataratas
con ese beso tuyo
llegó un rayo de plata.

Al viento viajaban solas
gaviotas al albur
y eran teclas las olas
sobre el mar, piano azul.

Demos frente a la vida
juntos con ilusión
que a las cosas perdidas
las compensa el amor.

Muestra tus blancos dientes
tu risa juguetona
y mi alegría sientes
si en tus labios asoma.

Con bello marco rojo
se pinta encantadora
se refleja en tus ojos
como luz cegadora.

Es la magia en tu boca
dicha en mi corazón
la que en mi alma toca
música de pasión.

Ella acalla el dolor
no la escondas de mi
que te brindaré amor
y el alma, solo a ti.

# 81 SÚPLICA

No sé que es lo que me pasa
en esas noches de luna
que deambulo por la casa
con mi mente envuelta en brumas.

Hasta el aire que respiro
me parece oscuro y denso
salgo al balcón y suspiro
fumo, leo, tomo y pienso.

Salgo a la calle hecho un loco
voy sin rumbo a caminar
mas luego de andar un poco
lo que quiero es regresar.

En mi mente loca creo
una angustia sin igual
y a vuelta de esquina veo
unas sombras que no hay.

Quiero sacar de mi alma
las ansias de no sé que
sueño con hallar la calma
no sé donde la dejé.

Pero nadie se me acerca
para impedir que la luna
a mi alma oprima con fuerza
y mis temores reúna.

No quiero perder mi vida
por caminos borrascosos
pero la noche me tira
a estos sueños horrorosos.

Implorando al cielo miro
solo hay estrellas y nubes
y mientras sigo el camino
la luna que sube y sube.

# 82 DEL AMOR

Dijeron al pasar
una frase jocosa
que me hizo pensar
que hay gente muy graciosa.

*¡Puedo amar en un instante*
*mas aún que en cien años!*

Dime cariño mío
si opinas como yo
que ha sido un libertino
quien de esa forma habló.

Se quemarían mis ojos
si el mirar de los años
se agrupasen de pronto
por un poder extraño.

Roto mi corazón
volaría en mil pedazos
al sentir la pasión
que he vivido en tus brazos.

Ay, como vibraría
tu cuerpo junto a mi
si se funde con la mía
la dicha que hay en ti.

Frase de un libro viejo
la que usó este Don Juan
siguiendo esos consejos
muchas personas van.

Es cariño sereno
que me das y te doy
este sí es duradero
no solo para hoy.

# 83 MIENTRAS QUE...

Esperabas el sueño
y yo te cantaba
usando mi ingenio
para ti inventaba.

Canciones de cuna
para que durmieras
sin pena ninguna
y más me quisieras.

En largas veladas
mientras tú dormías
tu rostro miraba
y mi amor crecía.

Mejillas rosadas
lucían cual flores
pintando la almohada
de hermosos colores.

El pecho movías
con dulce compás
y yo te veía
en la intimidad.

Un halo de risa
había en tu boca
mi beso sin prisa
a tus labios toca.

Tus ojos cerrados
esperaba que abras
e iba a tu lado
sin una palabra.

No quería perder
el bello momento
que pudieses saber
el amor que siento.

# 84 AVECES SUCEDE

Dos árboles fueron plantados
en la misma tierra, uno junto al otro mirando al sol.
Así crecieron y sus tallos engrosaron
se colmaron de relucientes hojas verdes.

Querían elevarse al cielo en un afán de subir
buscando el aire, soñando con espacio y nubes.
Sus raíces eran fuertes y profundas.
Dieron a la vida hermosos brotes y gajos nuevos.

Los pájaros buscaban refugio en su interior
les regalaban cantos y anidaban en ellos.
Pero los árboles se iban diferenciando poco a poco
uno daba más flores, el otro era más robusto.

Uno se inclinaba más al viento el otro a la lluvia.
No había razón para que fuesen distintos
ambos compartían la misma tierra, sol y aire
sin embargo día a día se transformaban.

Perdían todo aquello que habían tenido en común
ya no importó que hubiesen nacido
en el mismo lugar aún siendo de la misma especie
parecía que sus prioridades habían cambiado.

Y aquello que comenzó como ideal de la naturaleza
llegó a su fin, no supieron enfrentar los vientos
no se abrieron a la luz, les falto vigor a sus gajos
debieron estrechar sus ramas y dar frutos.

De haber hecho esto no habría nada marchito
y sin embargo uno de ellos comenzó a morir
perdió su vitalidad, se sintió solo aún acompañado
ya no amaba su lugar, comenzaron a caer sus hojas.

Sus ramas comenzaron a verse desnudas
no había en él nidos ni pájaros, el gris lo invadió
hasta que un día, ya seco, dejó de ser un árbol
y sus brazos ya mustios al aire, semejan un grito de angustia.

# 85 LA MAR

Con la palma de mi mano trataba de proteger mis ojos
encorvado caminaba casi a ciegas.
El viento azotaba mi rostro con arenas
hasta que comenzó a calmarse, se convirtió en brisa.

Entonces respiré aliviado, miré alrededor y la vi
mar bravía, excitante, impulsiva
vestida de espuma con ritmo que rompía toda lógica
dueña de movimientos imprevistos y belleza sin igual.

Al reflejar los destellos del sol en su piel húmeda
ofrecía color en muchos matices inimaginables.
No pude resistir el impulso, camine hacia ella.

Me sumergí en el placer de su calor
sentí su vigor, disfruté sus caricias en su ir y venir
perdí el sentido y noción del universo
solo eso existía y me dejé llevar.

La sentí parte de mi y a la vez era parte de ella
impregnado con su aroma
percibiendo la magnifica sensación que me daba
la tomé in mis manos y escapaba entre mis dedos.

Oí su risa cristalina al caer al mar y tuve en mi boca su sabor
con placer su fuerza apretó mi cuerpo.
Con mi experiencia en cosas del mar y la vida
surqué a travez de su piel, aprendí a bogar en sus aguas.

Escuché el suave rumor de su voz en la playa
interpreté su calma oyendo los silencios
y adiviné cada uno de sus movimientos
haciendo de nuestro viaje algo exquisito y cadencioso.

Mar bravía, indomable que me cautiva en mañana y tarde
me regala caricias en su vaivén, recorre mi cuerpo
haciendo que me estremezca al subir y bajar la marea.
Vivo su entrega hecha de olas mansas
esas que brinda a la playa, sus más tibios besos.

# 86 REFLEXIONES

1) El talento que DIOS
otorgó al hombre
no es para poner a este
sobre la creación
sino al servicio de ella.

2) Si a la SUMA
de la fronteras se le RESTA
el amor al prójimo
y se hace la MULTIPLICACION
por los intereses creados
se obtiene la DIVISION
que hay entre los hombres.

3) La sensibilidad es el alma
de los buenos sentimientos,
el materialismo, el cuerpo
de los malos.

4) Si de los muertos aprendes
el sentido de la vida
y de los vivos
el sentido de la muerte
habrás develado
el misterio de la Existencia.

5) La venganza es la escalera
por la cual descendemos
al nivel de aquel o aquellos
que nos hicieron daño.

6) La mayor de las vanidades
es la de creer ser el fin
y no saber, que se es el medio.

7) Hay gente que espera
muchas cosas de la vida
hay mucha gente
que espera la vida.

8) La mentira necesita
bastón o muletas
la verdad camina sola.

9) La realidad es una sensación
que nos deja la vida al pasar
es tan efímera y sutil
que algunas veces la perdemos
se ausenta de nosotros,
a menudo nos cuesta encontrar
y más aún comprender.

10) Los egoístas piensan que lo importante es no sufrir
los justos saben, que lo importante es no hacer sufrir.

11) Las buenas acciones están justificadas de antemano
las malas necesitan ser justificadas a posterior.

12) Cuando concertamos una cita, no debemos regir
la puntualidad por las agujas del reloj
sino por el respeto que sentimos
hacia quien espera por nosotros.

13) Soñando la vida que quieres, no olvides la que tienes
pues pensando en aquella vivir, a esta la dejas consumir.

14) Los milagros si existen pero nada asegura que perduren.

15) El aferro al pasado es la venda
que le impide al presente
ver el futuro.

16) La sofisticación, diversidad y hermosura
de los envases hace que a menudo
nos olvidemos
de la importancia del contenido.

17) Cuando un hombre que ha logrado el éxito
ayuda a que otros realicen sus sueños
se convierte en un gran hombre.

18) Soñar no cuesta nada
pero vivir soñando
nos puede costar la vida.
Porque vivir soñando
es no existir.
Como también es no existir
el vivir sin sueños.

19) No se puede calmar el dolor de ausencia
cuando se añora la presencia.

20) La omisión no es otra cosa
que la mentira vestida de gala.

21) El peor de los engaños es
el que nos hacemos a nosotros mismos.

22) En cada día que no perdonamos los errores ajenos
y no reconozcamos los nuestros
estamos cometiendo un grave...error.

23) La violencia la aprendimos con la palmada
que nos dio la partera al nacer.
La dulzura fue aprendida en la piel de Mamá.

24) En el juego que hay revancha nunca existe un perdedor.
Pues quien ha perdido hoy, mañana puede ser ganador.

25) En la vida se deben tomar riesgos
pero cuida que los riesgos no tomen tu vida.

26) La indolencia es la hermana menor de la crueldad.

27) Los principios son los puntos cardinales
por los cuales se debe regir nuestra vida,
de ese modo sabremos donde nace la luz
y también donde comienzan las tinieblas.

28) Las esperanzas son la tierra fértil
en la cual suelen nacer los milagros
las expectativas son la tierra árida
donde es difícil que estos nazcan
y abundan las decepciones.

29) Si nunca has tomado consejos
no los quieras dar porque eres viejo.

30) Al ser realidad el sueño se desvanece
si se pierde siendo real, duele dos veces.

# ACERCA DEL AUTOR

Jean Claude De Medici es un escritor de poesías y relatos como así también compositor Musical.

Diplomas de honor de Instituciones poéticas de España y Chile. Premio en el Festival de la Canción Latinoamericana de California.

Con él los arquitectos volvieron a cometer el mismo error, sus padres lo abandonaron con 5 años de edad en una absoluta pobreza. Pero sobre esa piedra desechada por los arquitectos, la vida formó un hombre que supo superar la adversidad.

Después de la secundaria estudio Contabilidad y Notaría. Se desempeñó como Contador en una importante firma de la industria Frigorífica.

Luego de la reestructuración del sistema Frigorífico, emigró a Buenos Aires, Argentina, como todo emigrante cambió su trabajo e ingresó a la Construcción.

Como contratista hizo obras como parte del Club YPF de Yate en San Isidro, construcción del edificio de vestuarios de La Ciudad Deportiva de Lanús, la Galería Recamier en Belgrano, Capital Federal y otros edificios en Capital y Provincia de Bs. As.

Volvió a Montevideo su ciudad natal y contrajo matrimonio con su novia de la adolescencia y vivieron en Buenos Aires.

Al cabo de unos años con su esposa y dos hijos pequeños emigró a New York. Ahí sus hijos estudiaron y se graduaron en las mejores universidades de N.Y. Hoy día es ciudadano estadounidense.

Actualmente reside en West Palm Beach, Florida. Durante estos cambios nunca dejó de escribir sus relatos y poesías, su cuaderno estuvo muchas veces en un cajón, pero lo acompañó en el largo peregrinar. Hoy salen a la luz algunos de sus poemas.

Dice que el niño y la luz viven en él, como también sus raíces, el amor a su ciudad y su gente.